AF273808

LO QUE LA PIEL NO OLVIDA

ExLibric

ELISA LAURA SASTRE BELLO

LO QUE LA PIEL NO OLVIDA

EXLIBRIC

ANTEQUERA 2026

LO QUE LA PIEL NO OLVIDA
© Elisa Laura Sastre Bello
Diseño de portada: Dpto. de Diseño Gráfico Exlibric

Iª edición

© ExLibric, 2026.

Editado por: ExLibric
c/ Cueva de Viera, 2, Local 3
Centro Negocios CADI
29200 Antequera (Málaga)
Teléfono: 952 70 60 04
Fax: 952 84 55 03
Correo electrónico: exlibric@exlibric.com
Internet: www.exlibric.com

Reservados todos los derechos de publicación en cualquier idioma.

Cualquier forma de reproducción, distribución, comunicación pública o transformación de esta obra solo puede ser realizada con la autorización de sus titulares, salvo excepción prevista por la ley. Diríjase a CEDRO (Centro Español de Derechos Reprográficos) si necesita fotocopiar o escanear algún fragmento de esta obra (www.cedro.org).

Según el Código Penal, el contenido está protegido por la ley vigente que establece penas de prisión y/o multas a quienes intencionadamente reprodujeren o plagiaren, en todo o en parte, una obra literaria, artística o científica.

ISBN: 979-13-88079-43-6
Depósito Legal: MA 13-2026

Impresión: PODiPrint
Impreso en Andalucía – España

Nota de la editorial: ExLibric pertenece a Innovación y Cualificación S. L.

ELISA LAURA SASTRE BELLO

LO QUE LA PIEL NO OLVIDA

Agradecimientos

A mi madre, cuyo camino y presencia también han formado parte de mi fuerza.

A Diana, mi doctora y amiga, por salvarme la vida cuando la enfermedad me doblegaba y por recordarme, con su ejemplo y humanidad, que la esperanza siempre renace. Tu apoyo y tu cariño han dejado una huella imborrable en mí.

A Jorge y a Tania, por acompañarme con apoyo y complicidad sinceros en este camino.

A Claudia, por su amistad luminosa, refugio y compañía en los días difíciles.

A ExLibric, por abrirme la puerta a esta oportunidad.

A Carlos, por sus palabras alentadoras.

A María José, por su paciencia y sus consejos, siempre dispuesta a resolver mis dudas (que no fueron pocas).

A quienes creen en la palabra como refugio, resistencia y verdad, gracias por abrir espacio a esta voz.

Y, sobre todo, a ti, lector o lectora, por tomar entre tus manos este libro. Deseo que cada verso sea un espejo donde puedas reconocerte y un abrazo donde descansar.

Prólogo

Cuando envié por primera vez este manuscrito a la editorial, recibí unas palabras que me emocionaron profundamente. He querido conservarlas aquí, porque siento que reflejan la esencia de lo que escribí mejor de lo que yo misma podría expresar.

Desde un punto de vista metafórico, *Lo que la piel no olvida* se podría definir como un jardín sembrado con los pétalos dolientes de una sensibilidad a flor de piel, donde cada poema es una lágrima suspendida en el aire, que cae sin ruido, pero deja huella. Su autora, Elisa Sastre, utiliza el verso libre como una llave que abre, sin reservas, las estancias más íntimas del alma.

También podríamos calificar la obra como un espejo empañado por la melancolía, donde cada reflexión limpia un rincón del pasado con el paño tembloroso del recuerdo. El amor aparece como una flor hermosa que sangra al tocarla, belleza peligrosa que fascina y castiga. Y es que la autora escribe con el corazón en carne viva, como si sus palabras fueran costuras hechas a mano sobre heridas todavía abiertas.

La estructura del libro es como un río que fluye entre emociones, cambiando de cauce sin previo aviso: desde la exaltación amorosa hasta el vacío existencial, del trauma silenciado a la reafirmación identitaria. La voz poética es una caminante que tropieza con las mismas piedras, pero aprende a reconocerlas como maestras. Cada poema es una carta lanzada al viento del tiempo, en espera de un lector que escuche más allá de las palabras. La autora convierte el dolor en tinta, la nostalgia en papel y el silencio en un grito que no necesita alzar la voz. Hay en estos textos una urgencia de decir, de dejar constancia, de que no se apague lo vivido, aunque duela.

En suma, *Lo que la piel no olvida* es un cuaderno de bitácora escrito desde el naufragio emocional, pero también desde la orilla donde florece la esperanza. Su lenguaje, sin artificios, es un puño que acaricia y un susurro que golpea. Un libro frágil como un corazón de papel y, justo por eso, intensamente humano.

La poeta que hay en mí

*La poesía es esa música que pueden hacer las palabras
cuando se dejan llevar por el alma.*

ELVIRA SASTRE

QUÉ PASARÁ MAÑANA

Qué feliz sería si pudiera
coger un autobús al azar,
sin billete de vuelta,
sin hora, sin lugar.

Un autobús sin destino,
sin mapas, ni estaciones,
únicamente el eco de mis sueños
y el silencio entre canciones.

La música de José Luis Perales,
colándose en mis oídos,
susurrándome verdades suaves,
mientras dejo atrás los ruidos
que en la ciudad me hacen frágil.

Una libreta en mis piernas,
adornada de palabras sin sentido.

Que nadie me espere,
que nadie pregunte por mí,
que solo quiero perderme en el viaje,
y en mí misma, por fin, vivir.

Alejarme del mundo
no es rendirme ni olvidar;
es darme un respiro,
es volver a empezar.

Un velero llamado Libertad

Me censuras los libros.
No me mates de inanición cultural.

Moriré asesinada por una mente
que decidió silenciarme.
Quién iba a decir que tener voz propia
y pensar por mí misma
sería mi sentencia de muerte.

Me matas
con tu maldita censura.

NOVIEMBRE

Aquí estoy,
sentada en mi escritorio
una tranquila tarde de noviembre.

Casi anochece
y hace frío.

Mis manos, heladas,
teclean sin parar.

Lo admito:
escribo por escribir.

Frases dispares,
absurdas,
sin sitio en el papel,
encuentran abrigo
en una taza de té.

Hace frío.
El invierno
no tardará en llegar.

I HAVE A DREAM

Érase una vez
una canción.

Solo una milla me separa
del lugar que aún no alcanzo.

Un escalón tras otro,
subo, poco a poco, despacio,
con el alma en los pies.

Lloro en el camino,
de alegría,
de tristeza,
de todo lo que pesa
y a la vez empuja.

Mi andar deja huellas:
un rastro de lágrimas,
noches sin luna
dibujadas en el suelo
de mis propios pasos.

LAS NOCHES QUE NO MUEREN

La noche oscura
se cierne sobre mis hombros.

La brisa fresca golpea,
lenta y pausadamente,
mis cabellos,
que bailan
al son de su compás.

El canto del grillo
acaricia mis oídos.

La noche estrellada no es tal;
las estrellas,
una a una,
mueren lentamente.

Abro los ojos.
Sigues aquí.

UNCHAINED MELODY

Casi anochece.
El sol cierra los ojos
y, poco a poco,
el sueño lo vence.

Los últimos rayos,
aún radiantes,
dibujan la despedida del día.

Bajo el cálido sol de agosto,
sentada en la orilla,
contemplo el mar.

Mis pies desnudos
acarician la arena.

Y las olas,
una tras otra,
me abrazan,
inundando mis pasos,
refrescando mi rostro.

Bendita tu luz

Bendita la inocencia que no muere,
inocencia bendita,
no te alejes del corazón que ama.

Lluvia de lágrimas.
Llora. Llora sin miedo.
Lo que hoy duele mañana sanará.

Ayer fui cenizas,
hoy soy ave fénix.

Aunque, aun así,
daría lo que fuera por ser valiente,
por aprender a deshacerme
de las críticas destructivas
que tanto daño me hacen.

No tengas miedo:
hasta la persona más valiente ha sufrido.
Hasta el alma más fuerte
ha llorado en silencio,
cuando nadie miraba.

Porque sentir no es debilidad.
Porque sanar no es olvidar.
Es mirarse con ternura,
es abrazarse sin juicio,
es decirse:
«Aún estoy aquí. Y eso basta».

CORAZÓN DE POETA

Anoche soñé soñarte.
Soñé abrazarte,
al abrigo de la noche,
con el alma desnuda
a la madrugada.

Amanece.
Abro los ojos.
La brisa de invierno
se posa en mi rostro,
y mis mejillas se sonrojan.

Un ruiseñor me despierta
con su canto suave.
El sol, celoso de la luna,
intenta alcanzar su belleza.

Mi alma —aún desnuda—
permanece suspendida
entre sombras y auroras,
al abrigo de la noche,
al abrigo de la madrugada,
como un recuerdo
congelado en el tiempo.

Tan lejos…
que hasta la distancia
sobrevive al recuerdo.

LOS ABRAZOS ROTOS

Abrázale fuerte.
Siente su calor.
Aspira su aroma.
Su perfume.
Grábalo a fuego en tu memoria y tu piel.
Siente el latido de su corazón.
El ritmo acompasado.
Memoriza la melodía que crea su pecho junto al tuyo,
cuando los corazones se juntan.
Dale un abrazo.
Mañana puede ser tarde.

Si amanece

La gracia de un beso me despertó al alba.
Eras tú.
El sol me saluda, me sonríe.
Mi mano busca entre las sábanas,
y te encuentra.

Mi piel se eriza al sentir la brisa
que la ventana, abierta de par en par,
invita a entrar.

Nuestras manos se entrelazan.
Y entonces sucede.
Nos recorre un calor abrasador,
mas no del verano.
Nos invaden temblores,
mas no del frío.

Es el éxtasis en su máximo apogeo.
Bajo el cálido sol de agosto
se refugia la gracia de un beso,
de ese beso tímido que te di.

LA MUERTE DEL PALOMO

La muerte cierra puertas
que ningún llanto puede volver a abrir.

Condenada a cadena perpetua,
sus lágrimas caen a puñados,
como hojas marchitas de una flor en otoño.

Puñados mortales, ardientes,
que le arrancan un aliento más de vida.

Una estrella en la tierra
que el cielo reclama.

Mira al cielo y me encontrarás.
Busca en tu corazón y me hallarás.
Siempre estaré contigo.

No importa cuán largo y oscuro sea el túnel,
siempre habrá una luz al final del camino.

Aprendiz

Se aprende caminando, no mirando el mapa.
EDUARDO GALEANO

He aprendido más de lo que callé que de todo
lo que alguna vez dije.
ALEJANDRA PIZARNIK

APRENDER A VIVIR

Idealizaba el futuro,
sin detenerme a saborear
ni respirar el presente.
Tejía el tiempo
con hilos de ilusiones vanas.
Ilusiones no vividas.

Desprecié al tiempo,
anhelando amores
que nunca me apreciaron.
Te gusté sin gustarme,
buscando aprobación,
mientras esperaba caricias fugitivas
que nunca llegaban.

Vivía lo bueno a flor de piel,
temiendo despertar de la fantasía
que acechaba a mis espaldas,
de ese ensueño
que no sentía merecer.

Temía que vivir intensamente
tuviera un precio demasiado alto.

LLORAR POR DENTRO

Aprendí a llorar por dentro,
pero eso dolía más.
Duelen los silencios que desgarran más que el grito.
Callé mi dolor por miedo al juicio,
y me escondí de mí misma por encajar en tus ojos.

Pero ya no más.
No negaré mis lágrimas para preservar tu orgullo.
Si mi llanto te incomoda,
te invito a apartarte, no a silenciarme.

No soy débil por llorar,
soy valiente por sentir.

Cada lágrima que cae
es reflejo de un alma que aún cree,
que aún ama, que aún tiembla.
Son cristales de luz
que brotan de la bondad más pura.

Porque llorar no es rendirse,
es resistir con el corazón abierto.
Es abrazar la vida
sin armaduras.

SIN MIEDO A NADA

Para serte sincera, no.
No me arrepiento de mis errores.
No los llamo fracasos,
los nombro lecciones.
Cada tropiezo, cada sombra,
fue un maestro disfrazado
que me enseñó a caminar con los ojos abiertos
y el alma
despierta.

Corazón de papel

Decía Víctor Hugo
que cuanto más pequeño es un corazón,
mayor odio alberga.
Y yo, que creía en la bondad,
como faro que guía a los barcos,
pensé:
«Es imposible
que en un pecho diminuto
quepa tanta sombra».

Pero hay latidos huecos,
cavidades sin ternura,
corazones que no son nido,
sino foso.
Y en ellos anida el rencor
como cuervo en rama seca,
picoteando lo que queda
de humanidad.

Nunca imaginé que lo mezquino
tuviera tanto espacio.
Nunca creí que lo breve
pudiera ser tan vasto
cuando se trata del odio.

INGENUIDAD

Nunca dejará de sorprenderme
la facilidad que tiene la gente mala
para encontrar cómplices
allá donde va.
Cómo las palabras,
huecas y vacías,
atraen oídos dispuestos.
Cómo sus actos
hallan manos que los sostienen,
que los aplauden.

Y mientras tanto,
la gente buena,
de corazón puro,
es dejada de lado.
¿Por error?
No.
¿Por costumbre?
Sí.
Por no saber mentir,
por no saber fingir,
por no saber odiar.

Y así,
cada vez más solos,
habitan una soledad perpetua.
No porque no amen,
sino porque no encajan
en un mundo
que disfraza de cinismo
una bandera.

A PESAR DE TODO

Nada,
ni nadie,
golpea más fuerte
que la propia vida.

Ni siquiera las olas,
cuando tropiezan y se rompen,
contra las rocas una y otra vez.
Violentas.
Dolorosas.
Sin tregua.

La vida golpea
sin previo aviso.
Sin pedir permiso.
Sin medir la fuerza.

Y, aun así,
seguimos de pie,
como las rocas.
Heridas, sí.
Pero intactas.

AVE FÉNIX

No lo olvides:
una llama,
por pequeña que sea,
basta.
Basta para provocar
un incendio,
que deja el trazo ardiente del fuego.
Destructor.
Reconstructor.
No importa, pues ambos son capaces
de arrasar con todo a su paso.
Y donde hubo fuego, las cenizas quedan.
Y será de esas cenizas inertes
que renacerá el ave fénix.

La promesa

El papel lo aguanta todo.
Las palabras…
se las lleva el viento.

¿Entonces?
¿Qué me queda,
además de las promesas vacías
y el eco de lo que nunca fue?

Tus «te juro»,
tus «siempre»,
tus «confía en mí»,
tus «todo saldrá bien»
ahora son voces huecas en mi memoria.

Y yo,
con las manos llenas de nada,
sigo buscando sentido
donde solo hay silencio.

HOY POR MÍ

Si vives para contentar a otros,
serás esclavo/a de sus deseos,
prisionero/a de miradas ajenas,
cautivo/a de un «sí» que no es tuyo.

Pero si vives para contentarte a ti,
para escucharte,
para elegirte,
para abrazar lo que eres
sin pedir permiso…

Entonces serás libre.
Dueña de tu paso,
capitana de tu paz,
creadora de tu propia felicidad.

Primero yo.
No por ego,
sino por amor.
Por respeto.
Por verdad.

Distorsión

Nuestros cuerpos son nuestros jardines;
nuestras voluntades son nuestros jardineros.
WILLIAM SHAKESPEARE

Amiga mía

Ella no recuerda la última vez.
La última vez que comió algo sin sentir culpa.
Ni un dulce.
Ni nada.
Cualquier bocado, por diminuto que fuese,
era escaneado por miradas ajenas.
Y siempre pesaba.

Llega la hora de la foto;
recuerda el gesto automático:
el estómago encogido,
la sonrisa contenida,
el deseo de desaparecer dentro de la ropa.

Cuando siente hambre,
hambre real, de la que no se esconde,
se convence de poder comer algo.
Siempre que sea sano.
Siempre que no engorde.
Siempre que pueda quemarlo después.

En el gimnasio sudará el remordimiento.
«Lo eliminaré todo», piensa.
Como si el cuerpo fuera un castigo
que pudiera redimirse en una hora de esfuerzo.

Entonces llega el recuerdo:
la primera y única vez que se purgó.

No necesitaba hacer memoria.
El recuerdo siempre estuvo ahí.
Tan vívido, tan exacto…
que, al evocarlo, no parecía estar recordándolo.
Lo revivía.
La presión en el pecho,
el temblor de las piernas,
la vergüenza sin nombre.

Y en ese instante,
lo que le duele no es solo el cuerpo;
es el silencio.

A TI, MUJER

La miro.
Pero ella no se ve.
Solo percibe lo que el mundo le ha impuesto.
En su afán por verse más bonita,
recrudece su cuerpo.
Lo intenta…
hasta que ya no puede más.

Se satisface.
Siente, por fin, el abrazo que tanto anhelaba.
Pero la culpa no tarda en llegar.
Toca a su puerta,
la martiriza sin piedad
y consigue lo que busca.

Sus límites se quiebran.
Se rompen.
Y el abrazo que hace unos instantes la reconfortó
se desvanece en el lavabo,
escondido en el eco de la fuerza del agua.

CORAZONES

En los *likes* de Instagram
encontré lo que en la realidad
muchas veces escasea:
la aprobación,
el apoyo,
un poco de cariño
y aceptación,
aunque venga de desconocidos.
No me importa.
Un corazón basta.
Uno solo,
para sentirme vista.
Valorada.
Incluso un simple like en un comentario
puede elevarme.
Y cuando llegaron los mil,
no fue fama.
Fue un alivio.
Por primera vez,
en ese día,
sonreí.

AMORES A SOLAS

El espejo le devuelve su imagen
y, día tras día, la misma pregunta:
«¿Qué ves cuando me miras?».
Y, una vez más, sin respuesta.

Mire donde mire,
solo escucha el eco del silencio,
interrumpido por el llanto
que desgarra la carne.

Esa cremallera que no cierra.
Ese botón que no aprieta.
El vestido que un día la hizo sentirse elegante.
La camisa que usó en una fiesta
y la convirtió en diva.

Un estómago que ruge es bello.
Es estética.
Es amor.

¿Es propio, acaso?

Auténtica

Me pinto a mí misma porque soy a quien mejor conozco.
FRIDA KAHLO

QUIZÁS, QUIZÁS, QUIZÁS

Duele el corazón que sangra
cuando tu amor propio no te corresponde.

Y me pregunto si alguna vez sucedió.
¿Me he visto como realmente soy?
¿Me he querido de verdad?

No.

Corrijo:
¿Me he amado de verdad?

La verdad es que no lo sé.
Y esa respuesta
solo alimenta
las semillas de las dudas
que están a punto de germinar.

¿Y por qué ahora,
en la adultez,
aparecen
esos miedos e inseguridades?

No lo sé.

Pero quizás,
quizás,
quizás…
algún día
sea capaz de quererme
tanto como merezco.

¿Cuándo?
Tampoco lo sé.
Solo sé que ese día aún está lejos

PARA QUERERTE

Quiero hablar con la niña
que una vez fui.

Es urgente.

Necesito decirle que la quiero.
Que la he querido siempre,
aunque nunca se lo hubiese dicho,
aunque no se lo hubiese hecho sentir.

Eso es lo que aún me duele:
no haber amado a esa niña que fui,
no haberla abrazado
cuando más me necesitaba,
no haberle dicho cuánto valía
antes de que el mundo
intentara convencerla de lo contrario.

Ojalá lo hubiera sabido antes.
Ojalá la hubiera mirado con ternura,
con el amor que hoy, por fin,
me tengo.

Pero llegué.
Y aunque tarde…
llegué.

Dichoso sea mi cuerpo de mujer
y mi corazón de niña. ❦

ALL BY MYSELF

Qué sencilla parece esa intención
que solo busca hacer el bien.

Estás lista para hacerlo,
te comprometes sin dudarlo,
sin cuestionarte,
sin límites.

Pero cuanto más das,
más te vacías tú.

Qué difícil es intentar gustarle a todo el mundo.
Uno te pide que hagas algo,
otro te exige que no.

Tienes miedo de defraudar,
de decepcionar,
especialmente a quienes más quieres.

Y para evitarlo,
te rindes,
cedes,
callas.

Sabes que no quieres hacerlo,
pero lo haces igual.
No por decisión propia,
sino por ese maldito miedo.

¿Por qué no sé decir que no,
que no quiero,
que esta es mi vida?

No puedo más.

¿Cuántas veces he justificado mis ideas?
¿Cuántas veces he justificado mi forma de ser?
¿Mis actos?
¿Mis silencios?

¿Acaso importa?

¿Por qué no puedo ser
simplemente
yo?

ESTA SOY YO

Soy lo que ves.
No hay máscara,
ni disfraz invisible
que me cubra,
que me oculte.

Soy yo.
Con mis virtudes y defectos,
mis alegrías y mis tristezas,
mis manías
y mis nervios particulares.

A veces acertada,
otras equivocada.

Soy amiga,
soy novia,
soy mujer,
soy amante…
de mi propia libertad.

Soy una mujer con alas.
No soy perfecta.
Y tampoco quiero serlo.

Soy auténtica.

QUIERO SER

Mi mayor admiradora.
Mi fan número uno.
El amor de mi vida.

Quiero ser quien soy:
el alma frágil
que se convierte en fuerza
cuando no se rinde,
cuando se levanta
con el rostro empapado
y el corazón en pie.

Soy yo.
Y no quiero dejar
de ser
quien soy.

FOREVER YOUNG

Se suceden los veranos.
Dicen que la vida es corta,
y a veces vivo desesperada,
en una carrera contrarreloj.

Mi enemigo íntimo:
el tiempo fugaz
que pasa
sin pedir permiso.

Juego con los rizos de mi pelo,
mientras contemplo
cómo mi cuerpo cambia,
cómo madura.

Pero mi alma…
mi alma será joven
para siempre.

Y sí,
volvería a vivir
cada instante
de mi vida.

Lo que el alma esconde

Tengo miedo. He buscado por todas partes
y no encuentro el lugar donde se calma este dolor.
VIRGINIA WOOLF

TU MIRADA

La mirada es el auténtico espejo sin máscara,
un abismo sincero del alma.
El rostro, en cambio, ensaya sonrisas,
dibujando alegrías que no existen.

Puede el gesto mentir con destreza,
esconder la tormenta tras calma,
pero los ojos —fieles centinelas—
nunca aprenden el arte del engaño.

Allí, donde el alma se asoma sin miedo,
la verdad se desnuda, sin palabras.

LIVE TO TELL

Entonces lo vi.
Sus ojos, vivarachos, enmudecieron,
y la voz se escondió tras su brillo opaco.

Ahí estaba, fugaz,
como relámpago entre nubes rotas:
el reflejo de una esperanza
que ya no volvería.

Las palabras,
ni falta hicieron.
Su mirada habló
con la crudeza de lo inevitable.

Y así, sin gritos ni reproches,
apagó la luz de todo intento.
Sus lágrimas tejieron un mar tan azul,
que el mismo cielo,
celoso, se quedó sin habla.

Y yo,
náufrago en ese océano sin orillas,
supe que el adiós ya no tenía regreso

Como la flor

Sucedió un amanecer.
La tierra, húmeda y silenciosa,
se abrió para recibirla.

Allí, donde nada florece,
nació una flor.

Sana.
Fuerte.
Valiente.

Creció en un mundo frío,
con una infancia robada
y una madurez forzada.

Su inocencia gritaba:
«¡Aún no es la hora!»,
pero la vida no pidió permiso.

El tiempo le dio alas,
y más de una vez
se las rompió al caer.

El agua no siempre bastaba.
A veces, la ahogaba.

Y aquella flor,
que un día floreció
con luz y alegría,
se marchitó
en la sombra
de una carencia:
la falta de amor.

CHIQUITITA

A ti, niña que jugabas libre
y soñabas en campos de regadío,
te robó la inocencia
quien debía protegerte.

Manos que debían acariciar
se volvieron cadenas oscuras;
tu cuerpo tembló, tu voz calló,
tu alma se rompió en silencio.

Miraste tu reflejo y viste
la infancia rota, la esperanza herida,
marcada por un dolor invisible,
un secreto que grita sin voz.

Niña, no calles más,
que tu miedo no sea sombra ni prisión.
Unámonos en gritos que rompan el silencio:
¡Basta ya de abuso infantil!

Por ti, por mí,
por todas nosotras.

TROZOS DE MI ALMA

Pedacitos de mi alma.
Miro el puzle y en él se refleja mi vida:
caótica, desordenada.
No tiene sentido.

Intento encajar las piezas.
Algunas encajan, otras simplemente no pertenecen,
por mucho que a la fuerza lo intente.
Las agrupo con cuidado,
y justo cuando parece que lo logro,
se deslizan entre mis manos.

Quedan pedazos.
Solo pedazos
de una vida rota.

Lágrimas desordenadas

Ya no distingo
si es mi alma la que llora
o mi cuerpo el que tiembla
bajo el peso del resfriado.

Gotea la nariz,
se empañan los ojos,
pero no sé si es fiebre
o la tristeza lo que arde.

Un pañuelo en la mano,
pero no alcanza
para secar lo que duele
ni lo que moja por dentro.

Tose el pecho,
late lento el corazón,
y entre el dolor y la congestión
se me escapa el aliento.

No hay medicina
para el alma congestionada,
ni jarabe
para esta soledad.

CUANDO NADIE ME VE

La depresión que se ve:
es la tristeza en el rostro,
el llanto sin consuelo,
la apatía que apaga los días.

Pero hay otra…
la que no deja huellas tan visibles,
la que sonríe con los labios,
pero no con el alma.

La que cada mañana
se levanta, se ducha, desayuna
como si nada doliera.

La que se maquilla, se peina,
y sonríe frente al espejo
mientras por dentro se deshace.

La que va al trabajo,
sale a pasear,
se sienta entre amigos
y cuenta anécdotas con risa prestada.

La que baila en una fiesta
como si estuviera viva,
aunque algo en su interior
hace ya tiempo que se apagó.

PERDIDA

Mis párpados,
pesados y aún somnolientos,
se desperezan.

Aún es noche cerrada.
Pero el sueño,
cansado de mi compañía,
se despide con un beso.

Ya no puedo dormir.
No me encuentro bien.
Flaquean mis fuerzas.

Y, aun así,
queda un pequeño trozo de ellas
que me ayuda a levantarme,
a abrir las cortinas de par en par
y mirar al cielo.

Observo.

Silba el eco del viento,
pero en mi interior
solo hay silencio.

Y pienso:
«Qué no daría por perderme
en ese mar de nubes,
en ese océano salpicado de estrellas,
en verme reflejada
en esa luna llena
que me mira
desde miles de kilómetros».

LAST CHRISTMAS

Nos han enseñado
una imagen de postal:
una estancia grande, cálida, iluminada.
El árbol,
el portal,
los adornos.
La mesa rebosante
de comida, risas y copas alzadas.
Una coreografía perfecta
para una felicidad impuesta.

Pero no siempre es así.

La Navidad,
para muchas personas,
no es alegría,
sino peso.
No es luz,
sino oscuridad.

Hay mujeres
que deben compartir mesa
con quienes las rompieron.
Infancias
que se sientan al lado
de quienes les robaron la inocencia.

Personas que eligen la soledad
porque la compañía
duele más que el silencio.

Hay sillas vacías
que duelen más que el frío,
ausencias que se sientan con nosotros,
que parten el corazón
en mitad del brindis.

Hay quienes lloran por amor,
por una vida que ya no está,
por un futuro que no llegó.

Y eso también es Navidad.

No todos celebran.
No todos sonríen.
No todos quieren estar.
Y está bien.

Normalicemos
que estas fechas
no son iguales para todos
y todas.

Blanco y negro

La ansiedad se disfraza.
Mis fuerzas se marchitan,
se rompen,
se quiebran.

Abro la ventana
y el olor de la noche
inunda mis sentidos.

Me pierdo un instante.
Mi mente se transforma
en un barco que navega
un mar infinito
de sueños y fantasías.

Mi dedo índice,
juguetón,
es el lápiz que dibuja constelaciones.

Todo es perfecto.

Pero un ruido seco
quiebra mi paz,
me despierta.

No.
No quiero.
Dame cinco minutos más.

No es fácil aterrizar en la realidad.

Suspiro
y la cierro.
Y con ella
dejo salir mi vida.

QUIÉN

Todos y todas saben quién eres.
Menos tú.
Puedes recitar sus opiniones,
de memoria,
pero no escuchas tu voz.

Te preguntas,
creyendo conocer la respuesta.

Pero de tu boca
solo fluye un río de silencio.
Y ese río
grita.

Tictac, tictac

No, el tiempo no lo cura todo.
Las heridas sangran,
abundantemente al principio,
hasta que la hemorragia cesa.

Las medicinas —como los besos,
como los abrazos—
les ayudan a sanar.

Luego, poquito a poco,
se cierran,
cicatrizan,
a veces,
desaparecen.

Pero muchas,
aunque parezcan dormidas,
aunque el tiempo las cubra,
nunca,
jamás,
nos dicen adiós.

Amores dormidos

*Porque sin buscarte te ando encontrando por todos lados,
principalmente cuando cierro los ojos.*

JULIO CORTÁZAR

ALL TOO WELL

20:00 h.
El día duerme
y la noche amanece
con el canto de los grillos.

Es la hora de salir de clase.
Cojo mi mochila y salgo.
Hace calor.
La brisa de verano acaricia mi cara.

Llevaba semanas sin verte.
El tiempo pasaba demasiado despacio.
Te echaba de menos.

Te sientas a mi lado, en el muro.
Hablamos.
Reímos.
Tu voz provoca un vuelco en mi corazón.

Mi deseo de estar cerca de ti crece,
igual que el de retomar donde lo dejamos
tras nuestro primer y último abrazo.

Mi corazón sigue latiendo
como las alas de un colibrí en primavera.
Siento que vuelvo a la vida.

Es lo que tiene amar por vez primera:
no se puede olvidar.

Y yo...
lo recuerdo todo muy bien.

BIDI BIDI BOM BOM

Valió la pena.
La aventura del momento.
El éxtasis fugaz
de unas mariposas latiendo en mi estómago.

Instantes robados al tiempo,
únicos, irrepetibles.

La primera vez que lo sentí…
Lo que me provocabas al verte.

Bidi bidi bom bom
cantaba mi corazón
cuando mis ojos
se cruzaban con los tuyos.

CÓMO HAN PASADO LOS AÑOS

Pasan los días,
las semanas…
Pasan los años.

Fuiste mi primera ilusión.
Contigo aprendí
la diferencia entre querer y amar.
Qué se siente.

Sentí un amor tan puro
que ni las llamas del ardiente verano
pudieron consumirlo.

Y ahora te miro,
y solo siento afecto.
Pero no un afecto pasional.

El amor que un día te profesé
ya no existe.

El tiempo hizo mella en nosotros.
Y nosotros,
con él.

TARDE

Nunca sabré por qué mi corazón
te eligió nada más verte.
Y, aun así, no pude evitarlo.

Te conocí… y se detuvo el tiempo.
Me perdí en tu mirada,
y tu sonrisa me besó el alma.

Ilusionada, me enamoré.
Obnubilada, te idealicé.
Ilusa, me cegué.

Eras todo lo que había soñado.
Pero en tu corazón,
ocupado desde hace tiempo,
no había espacio para una felicidad futura.

En tus ojos, hallé una mirada
ausente de amor y deseo.
Entonces lo supe:
jamás me mirarían como mujer.

¿Fue corto el amor?
Aún más largo fue el olvido.

SENTIMENTAL

Doblo la esquina, alzo la vista… y lo veo.
¡Ahí está! Nuestro rincón.
Tan distinto como el paso del tiempo,
tan intacto como mi recuerdo.

Allí nació nuestro primer y último abrazo compartido.
¡Ahí está! Nuestro rinconcito.

Seré sincera: no era especialmente bonito.
La pintura, desgastada, caía como pétalos marchitos.
La humedad convirtió la geometría en arte abstracto.

Pequeños defectos que lo hacían único,
detalles que lo volvían inolvidable…
porque tú lo hacías perfecto.

IT MUST HAVE BEEN LOVE

It must have been love...
pero si alguna vez lloras,
que no sea por el vacío,
ni por el dolor.

Que sea
por las cosquillas de cada mañana,
esas que busca con ansias
solo para escucharte reír.

Por el amor que arde en sus ojos
cuando te mira como si fueras
la única historia que quiere contar.

Por los abrazos que te envuelven
una y otra vez,
sin motivo,
sin medida.

Por la pasión que no se apaga
cuando se cierra la puerta,
sino que se enciende
como si fuera la primera vez.

Si te hace llorar,
que sea de amor,
del bueno,
del que cura,
del que se queda.

EL AMOR

Lo más difícil del amor no es enamorarse,
es coincidir.
No es perder la noción del tiempo,
ni dibujar sueños en la arena.

¿Por qué el corazón elige sin nuestro permiso?
Ojalá tuviera la respuesta.
Pero no la tengo.
O tal vez sí.

Tal vez, para enseñarte
que el corazón puede volver a amar,
incluso después del peor de los desengaños,
de la más profunda decepción.

La verdad de la verdad

No sé qué es peor:
saberte cerca
y no poder hacerte feliz,
o imaginarte lejos
y no dejar de sentirte.

Miro la fecha de caducidad
en mi corazón,
pero no sé
hasta cuándo resistirá
esta silenciosa espera.

No sé qué es peor:
saberte cerca
y no poder hacerte feliz,
o imaginarte lejos
y seguir sintiéndote tan mío.

A veces, te pienso más
de lo que debería.
Y a veces, me duele menos.
Pero nunca, nunca del todo.

La verdad de la verdad
es que aún no aprendo
a dejarte ir.

TE MERECES UN AMOR

Que nadie te diga qué mereces y qué no.
Ni por qué sí o por qué no.
Al fin y al cabo,
¿quién decide eso?

Cierra la puerta ante la indiferencia,
fría como el hielo.
Ante la ignorancia,
amarga como la hiel.

¡NO!
Que nadie te haga sentir menos.

No pierdas tu esencia.
Es tu luz
la que te hace brillar.

Y si hace falta repetirlo,
hazlo.
Cierra la puerta ante la ignorancia,
fría como el hielo.
Ante la indiferencia,
amarga como la hiel.

¡Qué carajos!
Mándalo a tomar viento.

No me vuelvo a enamorar

Quiero quererte
y desearte.

Quiero amarte
con el corazón a manos llenas,
con el cuerpo desnudo
y el alma a flor de piel.

Sin vergüenza,
sin pudor.

Quiero hacerlo.

Pero antes…
tengo que hacer algo.
Algo muy importante.

Tengo que enamorarme.

Sí.

De mí.

El baúl de los recuerdos

Lo peor de la nostalgia es que no avisa. Te atrapa en medio
de una canción, un olor, una palabra.
ALMUDENA GRANDES

Es curioso cómo un aroma puede devolvernos
a un instante que creíamos perdido.
ISABEL ALLENDE

Seguiré mi camino

Y es entonces
cuando comprendes
que nada sucede por casualidad.

Te cruzaste en mi camino
por una razón.
Fuiste amistad,
fuiste amor,
fuiste alguien importante.
Vivimos.

Aún me resulta inevitable…
¿Por qué tú?
¿Por qué en ese momento?

Un amor pasajero,
una amistad traicionera.
Y, aun así,
imposible de ignorar.

¿De qué sirvió lo vivido
si era un sueño destinado a acabar?

Un sueño deseado al cielo y borrado por el viento.

No, no creo en la casualidad.
Las personas llegan
para enseñarnos algo.

Tú llegaste
con un propósito.
¿Cuál?
Lo descubriré.

Nos volveremos a ver

Te echaré de menos,
pero no te diré adiós.

¿Por qué?
Porque no creo en las despedidas.

Entonces, ¿cuándo volveré a verte?
Aún no lo sé.

Pero tengo la certeza
de que esto no es un hasta siempre,
es un hasta pronto.

UN AÑO MÁS

31 de diciembre, 23:30 de la noche.
Las doce uvas están listas.
La copa de champán, preparada para brindar.
El final de un año se acerca,
y el comienzo de otro se precipita.
Tictac, tictac, tictac…
A mi alrededor: risas, nervios, besos, abrazos.
Es el eco del júbilo ajeno.
Es felicidad.
Una felicidad que, inevitablemente, me es ajena.
No puedo evitarlo.
Otro año más, tu recuerdo vuelve a mi memoria.
Y otro año más, ocupa el lugar vacío junto a mí.

INMORTAL

Hasta donde alcanza mi memoria, lo recuerdo bien.
«Todo tiene un principio y un final», me decías.
Que todo caduca. Incluso el amor.

Te equivocas.
Tal vez nada sea eterno,
pero el recuerdo sí lo es.

La memoria de alguien
que una vez nos acompañó,
que nos hizo reír.

Podrán robarnos la sonrisa,
pero nunca arrancarán
las memorias que habitan el corazón.

Buenos amigos

Es increíble.
¿Quién lo iba a decir?

La primera vez que nos vimos
la conexión fue instantánea.
Mutua.

Y casi diez años después,
aquí seguimos.

Nos confesamos secretos
que tal vez no habríamos revelado
si fuésemos otras personas.

Un completo desconocido
pudo levantarme el ánimo.

Un abrazo,
dos besos,
y sonreí.

Y lo más curioso de todo
es eso:
no te conocía.

Pero, por alguna razón,
me sentía bien
en tu presencia.

En cambio, no

El tiempo es traicionero,
y la memoria, cruel.

Tan inoportunos,
como de costumbre,
anuncian su llegada.

Por cortesía,
les invito a sentarse junto a mí.
Y, como siempre,
no vienen con las manos vacías.

Hoy me traen un dulce:
bizcocho de fresas con nata,
mi favorito.

Me ofrecen un bocado.
Un sabor dulce,
a la par que amargo,
resucita recuerdos:

horas y kilómetros en coche,
tardes de cine,
cenas de hotel,
un atardecer en Valencia,
el cielo encapotado de Vigo…

Todo ello guardado bajo llave
en ese álbum
que soy incapaz de abrir.

Y aún no puedo creerlo…
Han pasado más de quince años
y aún duele.

¿Por qué?
¿Por qué aún recuerdo con cariño
ese amor que jamás nació del corazón?

Un amor que creía inquebrantable,
indestructible.

Tal vez era
porque era fácil vivir
en esa burbuja de idealismo
que, de improviso,
explotó.

IT'S ALL COMING BACK TO ME NOW

Es un atardecer precioso.
Los rayos de luz resplandecen,
cálidos y suaves,
a través de mi ventana.

La abro de par en par,
y una brisa me abraza,
acariciando mi piel,
sin prisa y tiernamente,
como si me recordara
que sigo aquí,
que aún respiro.

Cierro los ojos.
Inhalo. Exhalo.
Una vez, dos, tres, cuatro…
y así,
una y otra vez,
hasta que mi cuerpo se relaja.

Vuelvo a mirar.
El cielo es un lienzo,
y frente a mí se despliega
un escenario que no es solo paisaje,
sino memoria.

Inesperadamente,
vuelven las emociones.
Regresan sin ser invitadas
la niñez,
la infancia,
la adolescencia.
Viejas amistades
que uno no sabe si abrazar
o dejar pasar.

Porque ese es el poder
de los atardeceres:
tienen sabor a nostalgia,
y los recuerdos que traen
tejen un aroma de melancolía.

Confesiones

Todo lo que no se dice se pudre por dentro.
Por eso, confesar salva.
DAVID TRUEBA

En toda confesión hay una búsqueda de alivio,
de verdad o de amor.
GABRIELA MISTRAL

SECRETARIA

Los secretos, para que sigan siendo míos,
es mejor escribirlos en papel,
o, mejor aún,
guardarlos en la mente.

Hay que tener cuidado
a quién se los confías.
Incluso el aliado más fiel
puede volverse traidor.

Por eso, soy la secretaria de mis propios secretos.
Los archivo, los resguardo,
los protejo con el cuidado
que solo yo puedo darles.

Si algo he aprendido,
es que los secretos
exigen delicadeza.

ALL I ASK OF YOU

¿Me quieres?
¿Sí?
De acuerdo,
pero espera un momento.

Yo te pido besos,
te pido abrazos,
te pido —sin cesar—
como quien suplica
un poco de luz
en medio de la sombra.

Te repito la pregunta:
«¿Me quieres?».
«¡Claro que sí!», dices,
seguro, firme,
como si con decirlo fuese suficiente.

Pero si de verdad me quisieras,
no tendría que pedir
lo que debería nacer de ti:
ni un beso,
ni un abrazo,
ni una caricia fugitiva.

El amor no se mendiga,
no se recuerda,
no se arranca a la fuerza.
El amor, si es real,
simplemente ocurre.

Y si algún día
tengo que pedirlo,
si alguna vez siento
que lo arranco de tus manos,
ese día lo sabré:
habrás dejado de quererme.

Y yo, tal vez, tarde,
dejaré de preguntarlo.

Ya no

Mendigar amor
es como rogar el pan
que hoy sacia mi hambre,
pero mañana me duele,
me castiga,
me mata de inanición.

Y no,
no voy a perder más mi tiempo
mendigando el amor ajeno.
Mucho menos el tuyo.

Mendigar tu amor
es faltarme el respeto.
Y no voy a rogarte
que me quieras
si no nace de ti.

Ya no.

Hoy tengo mi amor propio,
y con ese me basto.
Y me sobro.

AGARRARTE A LA VIDA

El suicidio nos escandaliza,
como si el dolor debiera siempre callar.
Silencio impuesto, sombra negada,
voz que grita sin poder hablar.

¿Quién escucha al que ya no puede más?
¿Quién atiende el susurro ahogado
de quien, en la esquina del alma,
pide auxilio sin ser nombrado?

La religión lo llama pecado,
vergüenza, traición, abismo sin red.
¿Quién, en su sano juicio —preguntan—
renunciaría al milagro de ser?

La vida, dicen, es don sagrado,
pero nadie nos preguntó por nacer.
Y, aun así, se levantan jueces
que condenan sin querer comprender.

No se trata de glorificar la herida,
sino de ver, de sentir, de estar.
Porque si el dolor no tiene nombre,
entonces no lo podemos salvar.

DESPUÉS DE ENERO

Todo cambió.
Nada volvió a ser igual.

Mis súplicas,
susurradas al viento,
fueron escuchadas.
Y apareciste,
de cerca.

Tu aliento heló mi sangre.
Mi corazón se detuvo.
Querías llevarme contigo.

«Llévame», te dije.
No quiero sufrir más.
Solo paz.
Solo silencio.

No más lágrimas,
ni días colgando
de la cuerda floja de mi vida.

«A new day has come»,
cantaba aquella voz.
¿Dónde está ese día?

Pensé que el alivio eras tú.
Pensé que morir
era dejar de doler,
dejar de ser.

Te sentí cerca,
manto oscuro,
hedor agrio,
voz sin forma.

Y, sin embargo,
aquí estoy.
Febril, temblando,
pero viva.

Ya sé quién eres.
Y aunque me llames,
no soy yo a quien buscas.
Hoy no.

DESPERTAR

Me di cuenta
de que lo que antes me ilusionaba
ya no me hacía feliz.

De que no era libre,
ni fuerte,
ni independiente,
cuando me vi sola.

Y entonces lo pensé:
«¿Estoy exagerando?
¿Estoy equivocada?».

Solo busca mi bien, ¿no?
Eso dices.
Y, a veces,
yo me lo creo.

Pero hay una voz
que empieza a hablar más fuerte:
«Aprende a despegarte.
Aprende a soltar.
Es imposible complacer a todo el mundo».

Y por fin lo entiendo:
tampoco tengo que hacerlo.

LAS CADENAS

Las comparaciones
son esas piedras
con las que tropiezo y sangro
una y otra vez
en el camino.

Un camino que sigo recorriendo,
aunque duela,
aunque disimule.

Son las piedras
que cargo en la mochila.
Tal vez me he deshecho de alguna,
pero la sensación de peso
es siempre la misma.

Son los fantasmas del pasado
que regresan
a obsequiarme con su tormento.

Sombras de miedo,
de ansiedad contenida,
de un terror desesperado
que me bloquea
y arranca un llanto
que no tiene nombre.

Cadenas invisibles
a la mirada ajena.
Cadenas que quiero romper,
pero no sé cómo.

Lo intento,
y sangro.

Quiero soltarme,
pero no sé cómo.

Ayúdame.
¿Qué debo hacer?

VUELA ALTO

¿Qué hacer
cuando crees que eres fuerte,
pero te das cuenta
de que eres tan frágil
como el cristal?

Cuando quieres decir «basta»,
pero esa voz interior
no fluye.

Y grita.
Y grita.

Hasta que la garganta quema,
el pecho arde,
y el mar en calma de tu alma
se convierte en tsunami.

Arrasa.
Destruye.
Silencia.

¿Qué hacer
cuando estás cansada de fingir,
pero no encuentras
el valor para dejar de serlo?

Hay algo que lo impide.
Un algo que no tiene nombre,
pero que manda.

El no tener control de ti misma.
El permitir que otros decidan por ti.

No ser capaz de imponerte.
Solo por ti.
Solo por ti misma.

Y así pasa el tiempo.
El tiempo que vuela
y no regresa.
El que no tiene paciencia,
ni espera.

Quiero ser libre,
antes de que mi vida
se marchite.

FUEGO

Ha vuelto a ocurrir.
Apenas la noche había entrado a mi lecho,
acurrucándose a mi lado,
inocentemente.

Y vinieron ellos.
Los sueños malos me visitaron.
No me gusta llamarlos pesadillas,
No sé por qué,
pero sé que duelen.

Quise gritar
desde lo más hondo,
desde el fuego que ardía,
dolorosamente,
en mi pecho.

Era él,
el grito que quería nacer
con todas sus fuerzas.
Toda yo lo deseaba,
lo anhelaba.

Tomaba aire,
llenaba mis pulmones
con todo el esfuerzo
de quien quiere vivir.

Pero nada.
La voz se atascaba
en mitad de la garganta.

Apenas un hilo,
un susurro débil,
rozaba la libertad
y se extinguía.

Quiero gritar,
pero no puedo.

Y, al despertar,
la tristeza y la frustración
se me enredan en la almohada.
El subconsciente,
tan silencioso,
sabe demasiado bien
cuáles son mis miedos.

ÚLTIMA

Entiende que yo
ya no confío.

Creía ciegamente en tus promesas,
en tu seguridad.
Te di mil y una oportunidades,
te apoyé en tus equivocaciones,
fui ese hombro para llorar.

Me debato entre el deber y el querer.
Sé que soy buena,
pero no puedo ser tonta.
Mis emociones son legítimas,
aunque incomoden.

Y hoy,
me derrumbo ante la ruptura.

Éramos un jarrón de cristal,
pulido por los años,
lleno de memorias
que aún brillaban.

Pero caímos.
Y el ruido del golpe
fue más fuerte
que todas tus explicaciones.

No pidas más
de lo que puedo dar.

Ahora recojo los pedazos
con manos que sangran,
intentando no perder del todo
lo que alguna vez llamé hogar.

Donde duelen los silencios

Hay golpes que no se ven,
pero que hacen sangrar el alma.
GIOCONDA BELLI

Las mujeres no mueren por amor,
mueren por machismo.
NURIA VARELA

.

Peso por peso

No tengo las llaves,
ni de casa,
ni de mi vida.

Pregunto antes de comprar,
mido cuidadosamente cada gasto,
como quien calcula
y negocia
el precio de su libertad.

Dependo.
Y esa palabra
cala en mis huesos.

Soy adulta,
pero me siento niña,
con mis manos diminutas extendidas
y ese «gracias»
que quiebra mi garganta.

Dicen que el dinero no es todo,
que no da la felicidad.
Pero no tenerlo
es matar mi voz.

Es pedir permiso,
y estar agradecida por existir.
No decido,
no vivo,
no puedo elegir.

Estoy amarrada 24/7
a la cartera
de quien dice quererme,
preocuparse por mí,
amarme,
pero me cobra en obediencia.

Me ahoga el silencio
de no poder decir «me voy»,
porque el «me quedo»
es lo único
que puedo pagar.

PALABRAS

No hace falta golpear
para hacer daño.

Las palabras,
muchas veces,
son cuchillos invisibles
que desgarran
más hondo
que cualquier herida en la piel.

ÉCHAME A MÍ LA CULPA

Hay veces
que siento que el tiempo no pasa.
Que los segundos se vuelven años,
y las horas, días.
Una estación tras otra,
otro día tras día.

Las pesadillas
acuden a mi cama sin ser llamadas.

Gritos que arañan la piel,
palabras que queman,
gestos que quiebran el alma.

Y yo, atrapada,
repitiéndome:
tengo que quererte,
porque te lo debo.

No soy merecedora
de tales atenciones.
Te debo lo que soy.

No soy digna
ni de tus cuidados,
ni de mí misma.

PERDÓN

Si no te gusta,
vete.

No voy a fingir una sonrisa
cuando quiero llorar,
cuando me estoy quebrando
en pedazos
ante tu indiferencia ciega.

Pero no me arrepiento.
No te pido perdón,
sería un perdón hipócrita.
No me nace de corazón.
Me es imposible
sentir pesar
ante lo que me hace feliz.

Siento tus gritos
atravesar las paredes,
quemando
mi alma
en vida.

Y otra vez,
el miedo me abrazó,
y en sus brazos
me derrumbé.

No sé cuándo
tendré el valor de hacerlo:
dejar de fingir
sin culpa,
sin que tu reacción
me pese.

DUELES

El golpe fue efímero,
fugaz,
como una ráfaga de viento
que no avisa.

La fuerza irrumpió
en milésimas de segundo,
y el *shock,*
frío,
me robó el llanto.

Te tengo frente a mí,
un amor
del que nunca me enamoré.
Un rostro pérfido
que ya no reconozco,
que estremece.

No entiendo por qué.
Y comienza
la cuenta atrás
para la muerte del amor.

Me doliste,
incluso cuando me hacías feliz.

COSTUMBRES

Me vendes amor y deseo,
de la mano.

A fuerza bruta
me arrancas la ropa.
No soy tu juguete.

Mi cuerpo,
una marioneta en tus manos.

Tus besos no son dulces,
ni suaves;
son desesperados,
ansiosos,
y quiero que se detengan.

Pero no tengo voz.
No he dicho que sí.
Al menos,
no con palabras.

¿Y la mirada?
¿No tiene voz también?

Hacer el amor
es mutuo,
pero dime:
¿me preguntaste
si también ansío desearte esta noche?

Tú no haces el amor.
Solo quieres follar,
follarme,
como si yo no sintiera,
como si no doliera,
como si fuera
un ser inerte.

Déjame vivir

Un cuerpo
que siento que no me pertenece.
Ajeno, habitado sin permiso.
No me reconozco.

Ese momento
en el que tus caricias no son tiernas,
sino garras que invaden,
que rompen.

Tus manos no preguntan.
Tu boca no escucha.
Mis «no» se pierden en el aire
como hojas en un vendaval.

Mi silencio no es consentimiento.
Mi parálisis no es deseo.
Mi miedo no es complicidad.

Y, sin embargo,
te adentras,
me hieres,
me fragmentas.

Después, la culpa me abraza,
pero no es mía.
Nunca fue mía.

LA PALOMA

Es demasiado tarde para curar la herida
de la soledad que muerde en silencio.
La muerte no tiene vuelta atrás;
es un umbral sellado por la sombra.

Tarde para secar las lágrimas
de una madre que hace tiempo llora.
Tarde para devolverle
a su pequeña paloma,
a su luz,
la luz de su vida.

De su alma desgarrada fluyen lágrimas.
Lágrimas que caen como lluvia de abril,
cristalinas, infinitas.
De su pecho, encogido de dolor,
brota la sangre
cual mar bravío.

Es el puñal —el de la indiferencia—
clavado sin piedad
el que le impide respirar.

Pero amanece.
Nace un nuevo día.
Ella sale al balcón
y eleva la mirada al cielo.

Sin poder evitarlo, llora.
Nuevas lágrimas dibujan un charco
de aguas puras,
donde se reflejan los recuerdos más hermosos.

Memorias del corazón,
huellas que ni el tiempo
podrá borrar.

DEMASIADO HERIDA

Reúno el valor,
el coraje.
Me ha costado,
pero al fin
siento que puedo.

Voy a alzar la voz.
Me tiembla el alma,
pero hablo.
Me siento frente a quien creo mi ángel guardián.
Confío:
va a ayudarme.

Pero nada
sale como espero.

Me mira con juicio,
no con cuidado.
Me pregunta,
me rompe,
me deshace.

«¿Por qué no saliste cuando tuviste oportunidad?
¿Qué te impidió dejarlo?
Tan mal no lo estarías pasando, entonces…».

Y el ángel
se revela como Judas.
Con un beso apenas tibio,
me encierra.
Me atrapa
como una flor marchita
que alguien asfixia entre sus manos,
deshojándola,
rompiéndola en silencio.

Sin ti no soy nada

Eres tú.
Tú eres la rosa floreciente
que, con sus pinchos, me quiebra la piel:
tan bella y letal a la vez.

Cada gota de sangre
es un aliento de vida menos
que me arrancas,
que me arrebatas.

Y, aun así,
no puedo evitar quererte.

Utilizas mi cuerpo para complacerte,
y yo —inerte,
cual marioneta en tus manos—
me dejo hacer.

Usas tu autoridad,
tu voz cada vez más alta,
que consigue hacerme
pequeña,
frágil.

Confundí tu amor
con la necesidad de llenar vacíos.
Confundí tu amor
con pertenencia.

Las medias naranjas,
igual que las casualidades,
no existen.

No me ames a cuentagotas,
en pequeñas dosis,
como el rocío de la mañana.

Las lágrimas fluyen,
cálidas y saladas,
resbalan por mis mejillas.

Y ahora sé
que, por muy doloroso que sea,
es necesario decir
«adiós».